FANFARE SCOLAIRE

MÉTHODE NOUVELLE

POUR

L'ENSEIGNEMENT SIMULTANÉ
DES
Instruments à Pistons

1re PARTIE

Enseignement de la Musique
et des instruments, Exercices.

2me PARTIE

Morceaux Mélodiques, Duos,
Morceaux d'ensemble (pour 4 instruments)

PAR

EDMOND POMÉ

1er Prix du Conservatoire de Paris.
Artiste de l'Orchestre de l'Opéra-Comique et des Concerts Pasdeloup.
Professeur au Pensionnat des Frères des Écoles Chrétiennes de Passy-Paris.

Prix Net: 3f 50

Paris, **ALPHONSE LEDUC**, Editeur, 3, Rue de Grammont

1883

AVIS ESSENTIEL

La plupart des commençants ignorant complètement les principes de la musique, j'ai cru utile d'en présenter un résumé *succinct* dont l'étude doit marcher ***parallèlement*** avec celle de l'instrument.

Il est donc *indispensable* que les élèves portent toute leur attention sur les textes qui précèdent les divers exercices de cette méthode.

1re PARTIE

NOTIONS SUR L'INSTRUMENT

DE L'EMBOUCHURE

La question de *l'embouchure* dans l'étude des instruments de Cuivre est d'une importance capitale. _ On aura à s'en occuper dans l'étude du *Piston*, du *Bugle*, du *Petit Bugle*, de l'*Alto* (ou *Sax-horn*) du *Cor*, du *Baryton*, de la *Basse*, du *Trombone* et de la *Contre-Basse*.

En effet à chaque genre d'instrument correspond une embouchure *spéciale*, et selon tel instrument que l'on voudra jouer, il faudra choisir *telle* embouchure.

Bien plus, l'expérience démontre que pour le même instrument, les personnes aux lèvres épaisses et larges devront prendre des embouchures d'un grand calibre. De même, il est nécessaire quand on a les lèvres minces et étroites de choisir des embouchures d'un plus petit calibre.

SOINS A APPORTER A L'INSTRUMENT

Quand les pistons fonctionnent mal, il faut:

1° Dévisser la rondelle de la partie supérieure de ce piston;

2° Retirer le piston, l'essuyer avec un linge;

3° Tremper le piston dans du *pétrole* ou en étendre avec le doigt.

Je recommande particulièrement l'emploi du *pétrole* pour le fonctionnement des pistons. (Ce produit n'altère en aucune façon les instruments.) A défaut de pétrole, tremper le piston dans l'eau ou l'humecter de salive.

4° Replacer le piston dans le cylindre; faire correspondre le cran adapté au piston à la rainure du cylindre, et revisser la rondelle.

N. B. On ne doit se servir d'huile ou de graisse que pour les coulisses; jamais pour les pistons.

MANIÈRE DE TENIR L'INSTRUMENT.

Le 1.er Piston est le plus près de l'embouchure.

Le 2.me Piston est au milieu.

Le 3.me Piston est le plus éloigné: à chacun de ces pistons correspond une coulisse.

PISTON, BUGLE. Tenir l'instrument légèrement incliné à droite; placer l'index, le médium et l'annulaire de la main droite sur les pistons, le pouce, contre le cylindre du 1.er piston; placer le pouce de la main gauche sous la coulisse du 1.er piston: les autres doigts sur la coulisse du 3.e piston; l'index contre le cylindre de ce même piston.

ALTO, BARYTON, BASSE. Tenir la tête droite; placer l'instrument du côté gauche et entre le bras; mettre le pouce de la main gauche sur la coulisse du 3.e piston; les autres doigts supportent l'instrument. Le pouce de la main droite, placé entre le 1.er piston et le tube de la coulisse d'accord; l'index, le médium et l'annulaire sur les pistons.

BASSE à quatre pistons. Même tenue à gauche; main droite disposée aussi de la même manière; pour la main gauche, placer l'index sur le 4.me piston; le pouce sur la 3.me coulisse; les autres doigts soutenant l'instrument.

CONTRE-BASSE Mi-bémol et **CONTRE-BASSE** Si-bémol.. La tenue de ces instruments est la même que celle de la Basse, mais ils doivent être maintenus par une courroie passée sur l'épaule droite.

TROMBONE. Appuyer la suite du pavillon, c'est-à-dire la partie qui s'adapte à l'instrument, sur l'épaule gauche; placer le pouce de la main gauche entre la 1.re coulisse et sur le 1.er piston; l'index sur la coulisse et contre le 2.me piston; le médium contre le 3.me piston; l'annulaire et le petit doigt appliqués au 3.me piston. Le pouce de la main droite au dessous de la branche d'embouchure, et entre la coulisse du 1.er piston.

COR A PISTONS. Appuyer le bord du pavillon sur le côté droit; mettre le pouce de la main gauche au dessous du ton; l'index, le médium et l'annulaire sur les pistons. Les cinq doigts de la main droite réunis, la main ouverte et appuyée contre la partie droite du pavillon.

ÉTENDUE GÉNÉRALE ET DOIGTÉ DES INSTRUMENTS À 3 PISTONS.

ÉTENDUE GÉNÉRALE ET DOIGTÉ DE LA BASSE A 4 PISTONS.

REMARQUE: Il y a des Basses à 4 Cylindres où le 3e piston donne le ***La** naturel* d'autres où il donne le ***La Bémol*** - Pour les premières, prendre le doigté au dessous, pour les secondes celui au dessus.

Ces doigtés sont adoptés par Mr A. CLAYETTE Artiste, (basse à 4 cylindres) à l'Orchestre de l'Académie Nationale de Musique et de la Société des Concerts du Conservatoire.

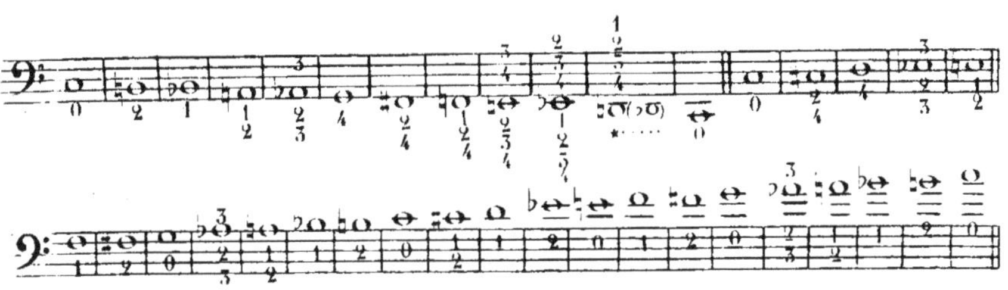

(*) Notes impossibles sur la Basse où le 3e Piston donne le Mi ♮

ÉTENDUE GÉNÉRALE ET DOIGTÉ DU COR A 3 PISTONS.

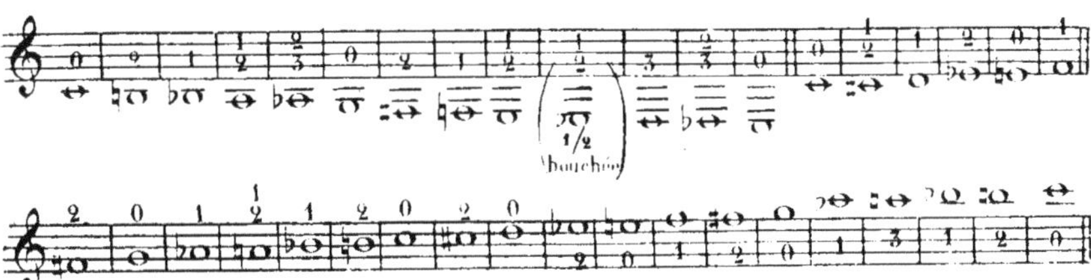

PRINCIPES DE MUSIQUE

Ces cinq lignes, Exemple : 5e 4e 3e 2e 1re s'appellent portée. On écrit la musique sur les lignes, les interlignes, au dessous et au dessus de la portée.

Il y a sept notes qui se nomment : **DO, RÉ, MI, FA, SOL, LA, SI.** Ces sept notes se répètent à différentes places de la portée, mais elles ne prennent leur place et leur nom que d'après le signe qui se trouve au commencement de la portée, ce signe s'appelle **CLEF.**

Il y a trois sortes de clefs, savoir : **La clef de Sol, la clef de Fa et la clef d'Ut.**
(Cette dernière est peu usitée dans la musique militaire.)

SIGNES INDICATIFS DES CLEFS.

LEÇONS SUR LES NOTES.

Nom des notes sur les lignes.

Nom des notes dans les interlignes.

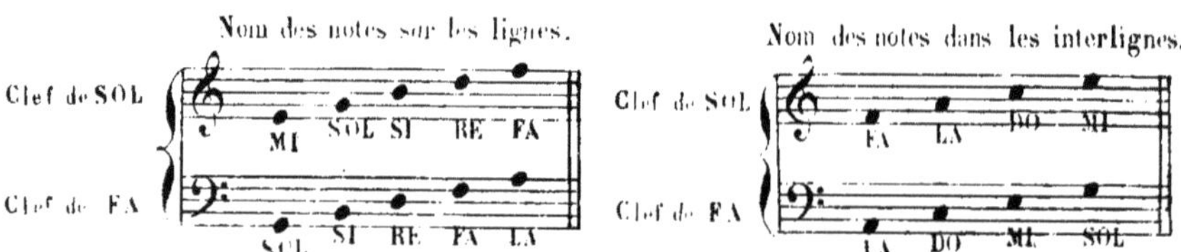

Nom des notes au dessous de la portée.

Nom des notes au dessus de la portée.

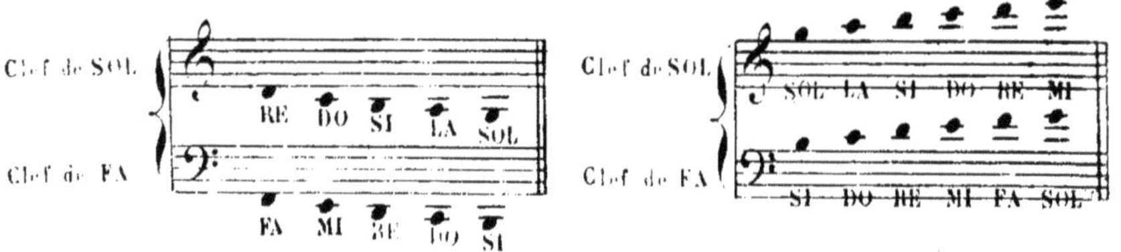

RÉCAPITULATION DES NOTES.

Si l'on ne se rappelle pas le **NOM** d'une note, chercher dans les leçons qui précèdent **ET D'APRÈS LA CLEF,** la place qu'elle occupe.

A.L. 8112.

AVIS ESSENTIEL

Attendu que sur les instruments en *Si bémol* et en *Mi bémol*, les *mêmes notes* n'ont pas la *même intonation*; il ne faudra jouer les exercices écrits sur une *SEULE PORTÉE*, qu'avec des instruments de *même tonalité*, c'est-à-dire en *Si bémol* ou en *Mi bémol*.

Les exercices écrits sur *DEUX PORTÉES* et réunis par une accolade { peuvent être joués par des instruments en *Si* bémol et en *Mi* bémol, *réunis ensemble*.

INSTRUMENTS en SI BÉMOL	Piston, Bugle, Baryton, Trombone, Basse, Contre-Basse.
INSTRUMENTS en MI BÉMOL	Alto (ou Sax horn) Petit Bugle, Contre-Basse.

PRINCIPES DE L'INSTRUMENT

EXERCICES PRÉPARATOIRES

ÉMISSION DU SON

Pour produire un son, il faut:

1º Poser l'embouchure au milieu des lèvres;

2º Placer le bout de la langue au milieu des lèvres;

3º Chasser rapidement la syllabe *tu*, soutenir le son et éviter de gonfler les joues.

La virgule (,) indique que l'on doit respirer avant d'attaquer la note.

Pour les exercices A, B, C, D, E, F, ces notes doivent être faites sans abaisser les pistons.

EXERCICE A: Attaquer *tu* à chaque note et soutenir le son.

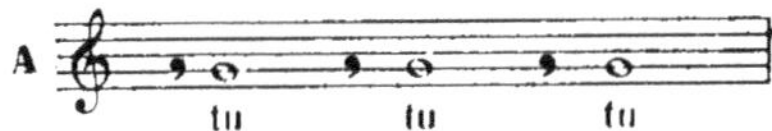

EXERCICE B: Donner le coup de langue plus vite à chaque note et soutenir la dernière.

Pour les exercices suivants, selon l'élévation des notes, l'on devra plus ou moins appuyer l'embouchure et pincer les lèvres; pour les notes *Basses* il ne faut pas jouer fort ni trop appuyer l'embouchure.

PRINCIPES DE MUSIQUE

DE LA MESURE

Il y a plusieurs mesures;les plus usuelles sont : la mesure à 4 temps, à 2 temps, à 3 temps, et à $\frac{6}{8}$ (cette dernière se bat comme la mesure à 2 temps, et comporte trois croches par temps). La mesure se divise par des *temps réguliers* que l'on indique avec le pied ou avec la main. _ Le signe qui indique le genre de mesure est placé après la clef. _ Les barres qui séparent la portée s'appellent *barres de mesures*, ces barres servent à limiter les notes et les silences dont la valeur forme la mesure indiquée.

SIGNES INDICATIFS DES MESURES

MANIÈRE DE BATTRE LA MESURE

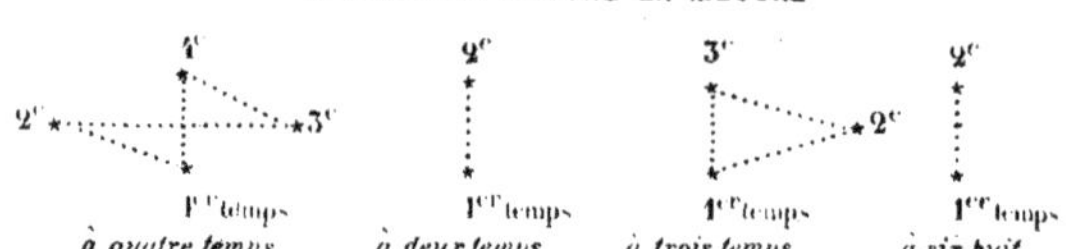

à quatre temps. *à deux temps* *à trois temps* *à six-huit*

DE LA VALEUR DES NOTES ET DES SILENCES.

Les valeurs de notes servent à indiquer la durée des notes. _ Les silences sont des signes qui correspondent aux valeurs des notes.

SIGNES INDICATIFS DES NOTES ET DES SILENCES.

VALEURS							
FORME	𝅝	𝅗𝅥	♩	♪	𝅘𝅥𝅯	𝅘𝅥𝅰	𝅘𝅥𝅱
NOM	Ronde	Blanche	Noire	Croche	Double-croche	Triple-croche	Quadruple-croche
SILENCES							
FORME	𝄻	𝄼	𝄽	𝄾	𝄿	𝅀	𝅁
NOM	Pause	Demi-pause	Soupir	Demi-soupir	Quart de soupir	Huitième de soupir	Seizième de soupir

VALEUR DES NOTES ET DES SILENCES

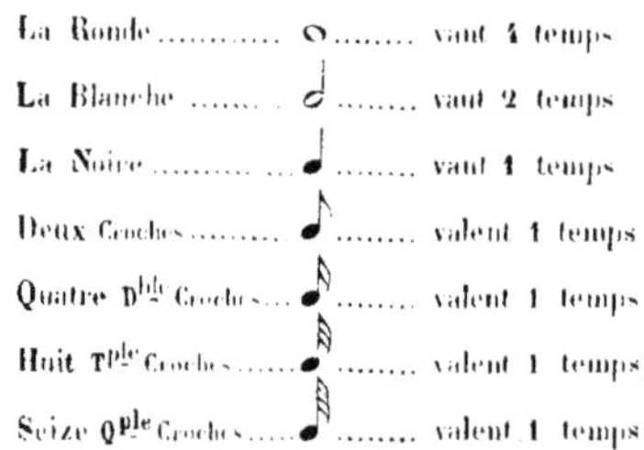

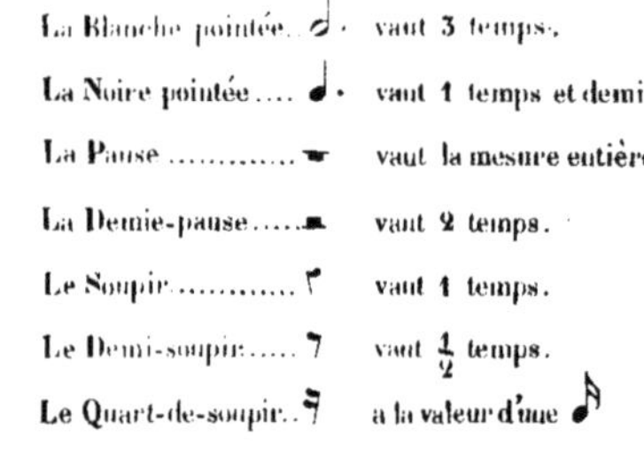

Lorsque des croches, doubles-croches, triples-croches, quadruples-croches se suivent, ces valeurs sont indiquées par une ou plusieurs barres qui relient les notes.

Le point après une note prolonge cette note de la moitié de sa valeur.

PRINCIPES DE L'INSTRUMENT

DOIGTÉ DES NOTES

Les chiffres 0, 1, 2, 3 indiquent les pistons qu'il faut abaisser pour faire cette note.

Le zéro (0) indique que cette note doit être faite sans abaisser les pistons.

Le 1er piston est le plus près de l'embouchure.

Le 2me piston est au milieu.

Le 3me piston est le plus éloigné.

REMARQUE. Sur tous les instruments à trois pistons (le Cor excepté) le doigté des notes est le même. Pour les notes au-dessus et au-dessous de l'étendue usuelle ainsi que les différents doigtés que peut subir la *Basse à quatre pistons* (Voir page 1)

EXERCICES PRÉLIMINAIRES

INSTRUMENTS DE MÊME TONALITÉ

(CLEF DE SOL, CLEF DE FA)

RONDES

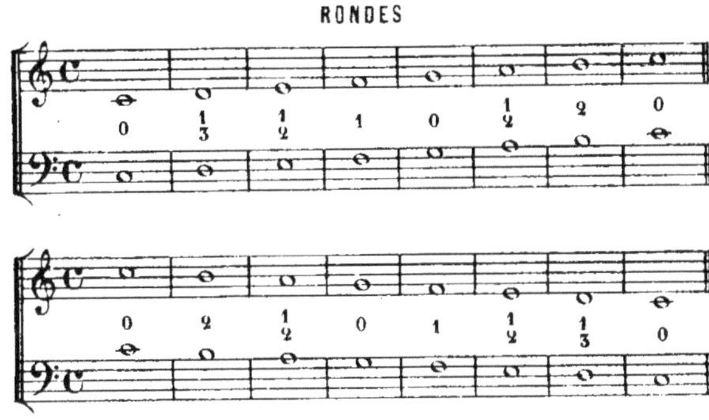

BLANCHES

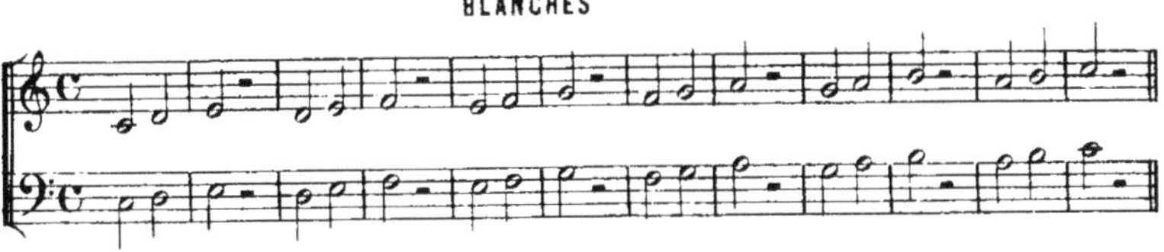

INSTRUMENTS DE MÊME TONALITÉ

NOIRES

Pour cet exercice il faut soutenir la ♩. jusqu'à la moitié du temps suivant, la 𝅗𝅥. jusqu'à l'expiration du 3e temps, et pour la double croche donner le coup de langue bref.

NOTES POINTÉES

ACCORDS PARFAITS

DOUBLES CROCHES

PRINCIPES DE MUSIQUE.

DES ACCIDENTS.

Il y a trois sortes d'accidents, savoir: le DIÈZE, le BÉMOL et le BÉCARRE,
Il y a autant de diezes et de bémols qu'il y a de notes dans la gamme.

SIGNES INDICATIFS DES ACCIDENTS.

Forme	♯	♭	♮
Nom	Dièze	Bémol	Bécarre
Effet	Le ♯ hausse la note d'un demi-ton.	Le ♭ baisse la note d'un demi-ton.	Le ♮ remet la note dans son ton naturel.

NOM, PLACE et ORDRE des DIÈZES et des BÉMOLS.

Les accidents peuvent être placés à la clef, ou devant les notes.

Dans ces deux cas, les notes, quelle que soit leur position, sont accidentées.

Les notes accidentées à la clef le sont pour tout le morceau, mais si devant la note il se trouve un bécarre ♮ la note doit être rétablie dans son ton naturel (A)

Il en est de même quand la note est accidentée dans les barres de mesure. (B)

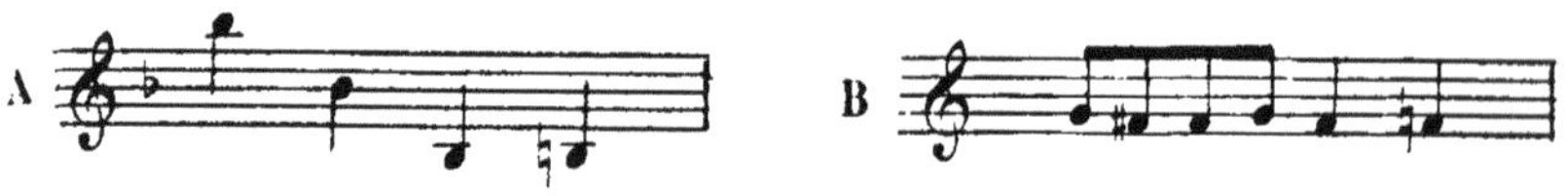

INSTRUMENTS DE MÊME TONALITÉ

DOIGTÉ DES NOTES ACCIDENTÉES ET ENHARMONIQUES

Les notes enharmoniques sont celles qui ont le même son, mais qui ne portent pas le même nom, le doigté est semblable. Ex:

(*)

EXERCICES SUR LES NOTES ACCIDENTÉES

1

2

3

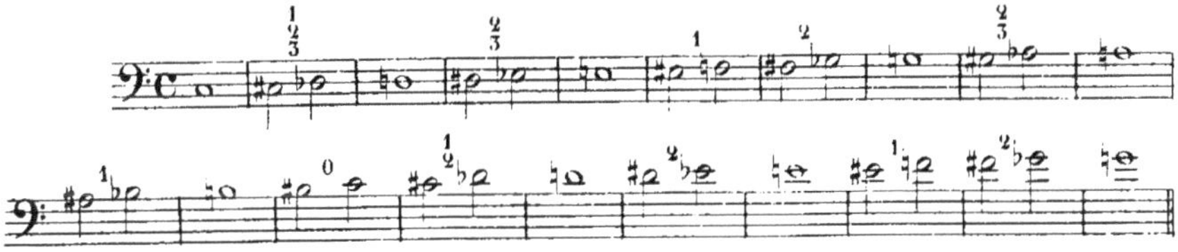

EXERCICES SUR LES NOTES ACCIDENTÉES

1

2

3

(*) Pour les notes au-dessous et au-dessus de cette étendue, voir page 1.

PRINCIPES DE L'INSTRUMENT

MANIÈRE D'ACCORDER L'INSTRUMENT

Chaque instrument à pistons a deux genres de coulisses, savoir : la *coulisse d'accord* et les *coulisses des pistons*.

La coulisse d'accord sert à accorder les notes faites *sans abaisser les pistons*; les coulisses des pistons servent à accorder les notes qu'on fait *avec les pistons*.

Si la note est *haute, tirez*; si elle est *basse, enfoncez* (tirez ou enfoncez graduellement.)

La coulisse d'accord du *Cornet à Pistons* correspond au *tube* ou l'on place le *ton*; pour le *Bugle* c'est le *tube* où l'on place l'embouchure (dévisser et revisser)

La coulisse *d'accord* de l'*Alto*, du *Baryton*, de la *Basse*, du *Trombone* correspond au *tube* ou l'on place l'embouchure.

Pour reconnaître si l'instrument est d'accord, il faut que la note faite avec le 1er et le 2me pistons soit aussi juste qu'en faisant cette *même note* avec le 3e piston *seul*. (Essayer la tierce)

Lorsque des instruments en *Si bémol* et des instruments en *Mi bémol* auront à s'accorder ensemble, ceux en *Si bémol* feront la note *Do*; ceux en *Mi bémol*, la note *Sol*.

INSTRUMENTS en SI♭

Piston, Bugle, Basse, Baryton, Trombone, Cl^re Basse (Si♭)

INSTRUMENTS en MI♭

Alto (ou Sax-horn) Petit Bugle, Cl^re Basse (Mi♭)

DE LA TONALITÉ DES NOTES SUR LES INSTRUMENTS A PISTONS

Différentes notes ayant le même doigté, il peut arriver que l'on fasse une toute autre note que celle qui est écrite. EX: (notes écrites) ou pourrait faire les notes

Pour obvier à cet inconvenient il sera utile de préparer la note écrite (mais sans la dépasser) par les notes de l'accord parfait. Les notes de l'accord parfait de la gamme sont la 1re (ou tonique) la 3me (ou tierce) la 5me (ou quinte) et l'octave.

EXERCICES SIMULTANÉS
(INSTRUMENTS EN SI ♭ ET MI ♭)

REMARQUE. 1° Dans ces exercices les petites notes qui précèdent une note, servent à trouver l'intonation de cette note. 2° Si l'on ne peut atteindre certaines notes élevées, faire celles au-dessous.

MESURE A QUATRE TEMPS

INSTRUMENTS en SI ♭

INSTRUMENTS en MI ♭

MESURE A DEUX TEMPS

MESURE A TROIS TEMPS

MESURE A SIX-HUIT

Dans cette mesure l'on devra s'appliquer à soutenir les notes et observer les silences selon le nombre de ♪ que ces valeurs comportent: les chiffres indiquent le nombre de croches

EXERCICES A QUATRE PARTIES

INSTRUMENTS SI ♭

Ces exercices ont pour but d'exercer l'oreille des élèves à entendre en *jouant* une autre partie que celle qu'ils jouent:

EXERCICES A QUATRE PARTIES

INSTRUMENTS MI ♭ – SI ♭

Ces exercices ont pour but d'exercer l'oreille des élèves à entendre en *jouant* une autre partie que celle qu'ils jouent.

DE LA GAMME

La gamme est la réunion de sept notes qui se suivent ex. *DO, RÉ, MI, FA, SOL, LA, SI.* A ces sept notes l'on ajoute la 1re note de la gamme, cette note prend le nom d'*octave*. La gamme se compose de *cinq tons* et de *deux demi-tons*.

On entend par ton et demi-ton la différence d'intonation qu'ont les notes entre elles.

Il y a deux espèces de gammes.

La gamme *diatonique* et la gamme *chromatique*.

La gamme diatonique marche par *tons* et *demi-tons*. (**A**)

La gamme chromatique marche par *demi-tons*. (**B**)

GAMME CHROMATIQUE

DU MODE

Le mode est le caractère du ton, il y a deux modes.

Le mode majeur et le mode mineur.

Le mode est majeur quand de la 1re note de la gamme à la 3me il y a *deux tons*. (**C**)

Le mode est mineur quand de la 1re note de la gamme à la 3me il n'y a *qu'un ton et demi*. (**D**)

Que la gamme soit majeure ou mineure, le 2me *demi-ton en montant* est de la 7me à l'*octave*.

Il y a deux manières de faire la gamme mineure en montant, la première manière c'est de hausser la 6me note ou (sixte) d'un demi-ton; la deuxième c'est de faire la 6me note sans altération; la première manière est préférable pour l'intonation; en descendant la gamme la 7me et la 6me notes doivent être rétablies dans l'armure du ton. (**E**)

On appelle armure les accidents qui sont placés à la clef. (**D**)

GAMME MAJEURE MONTANTE ET DESCENDANTE

GAMME MINEURE MONTANTE ET DESCENDANTE

DU TON

MANIÈRE DE RECONNAÎTRE DANS QUEL TON EST ÉCRIT UN MORCEAU DE MUSIQUE

Lorsqu'il n'y a pas d'accident à la clef, l'on est en *DO MAJEUR* toutes les notes sont naturelles.

Pour le ton *majeur* avec des *dièzes* à la clef, montez d'une note au dessus du dernier dièze.

Pour le ton *majeur* avec des *bémols* à la clef descendez de *quatre notes* en comptant le *dernier bémol*.

Les tons mineurs ont les mêmes accidents à la clef que le ton majeur.

GAMMES MAJEURES

INSTRUMENTS DE MÊME TONALITÉ

GAMMES MINEURES

INSTRUMENTS DE MÊME TONALITÉ

GAMMES MAJEURES

INSTRUMENTS DE MÊME TONALITÉ

GAMMES MINEURES

DES SIGNES D'ABRÉVIATION.

Les signes servent à abréger l'écriture musicale, c'est-à-dire à ne pas reproduire ce qui a été déjà écrit.

NOM, FORME ET EFFET DE CES SIGNES.

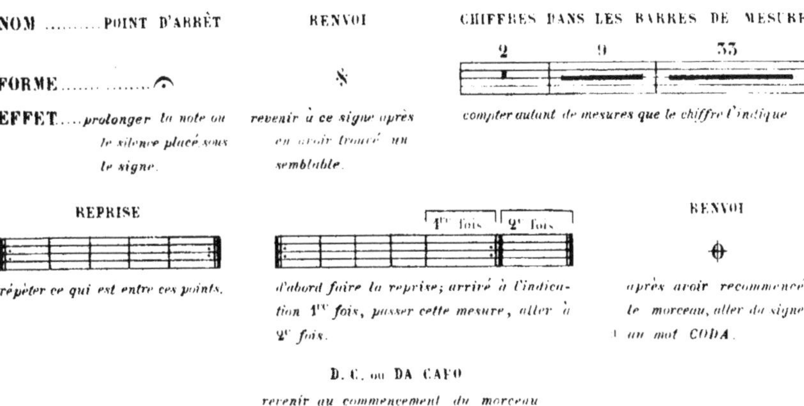

D. C. ou DA CAPO

revenir au commencement du morceau finir au mot FIN ou TRIO.

MODÈLE D'UN CARTON DE MUSIQUE MILITAIRE.

Le modèle ci-dessous résume la marche à suivre pour l'emploi des signes fréquemment usités.

DES ABRÉVIATIONS.

Les abréviations servent à abréger l'écriture musicale.___Il y a plusieurs abréviations, savoir: Les abréviations de notes, les abréviations de mesure et les abréviations de notes dans les barres de mesure.

ABRÉVIATION DES NOTES.

Quand la Ronde est barrée UNE fois, répétez cette note 8 fois; DEUX fois, répétez cette note 16 fois.

Quand la Blanche est barrée UNE fois, répétez cette note 4 fois; DEUX fois, répétez cette note 8 fois.

Quand la Noire est barrée UNE fois, répétez cette note 2 fois; DEUX fois, répétez cette note 4 fois.

Quand la Blanche pointée est barrée UNE fois, répétez cette note 6 fois; DEUX fois, répétez cette note 12 fois.

Quand la Noire pointée est barrée UNE fois, répétez cette note 3 fois; DEUX fois, répétez cette note 6 fois.

Pour ce genre d'abréviation il faut sur chaque temps répeter ce qui est écrit.

ABRÉVIATION DES MESURES.

Ce signe indique qu'il faut répéter la mesure précédente autant de fois que le signe est marqué.

ABRÉVIATION DES NOTES DANS LA MESURE.

Ces signes après les notes indiquent que l'on doit répéter les notes de cette mesure autant de fois que le signe y est placé.

ABRÉVIATIONS

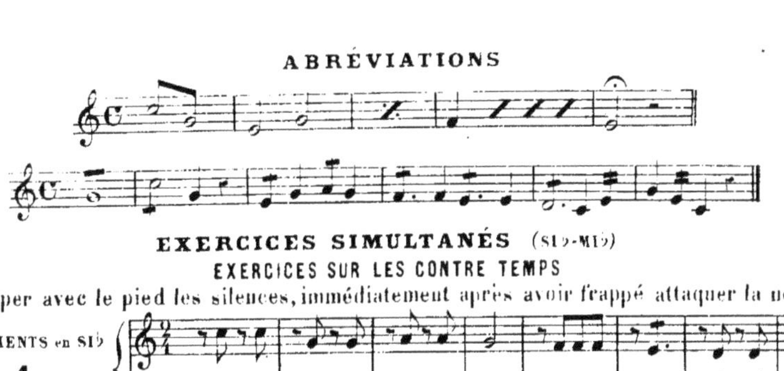

EXERCICES SIMULTANÉS (SI♭-MI♭)

EXERCICES SUR LES CONTRE TEMPS

Frapper avec le pied les silences, immédiatement après avoir frappé attaquer la note.

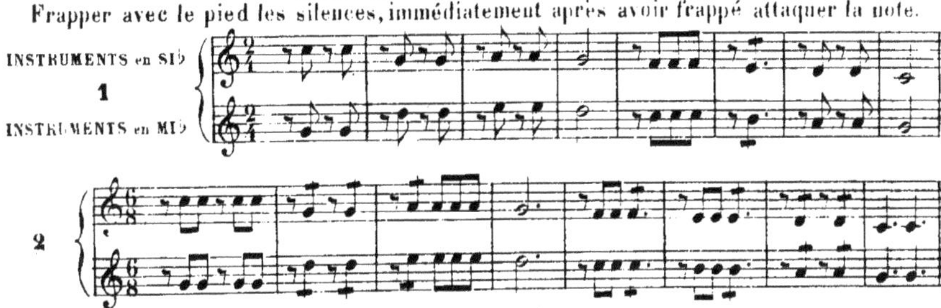

EXERCICES POUR S'HABITUER A JOUER EN MARCHANT

Le pied gauche doit tomber sur le 1er temps, le pied droit sur le 2e les lettres indiquent le pied.

Mouvt de Pas redoublé.

EXERCICES SUR LES ABRÉVIATIONS

Dans l'exercice B les chiffres indiquent combien de fois il faut répéter cette note.

EXERCICES SUR LES CONTRE-TEMPS

Frapper avec le pied les silences et immédiatement après avoir frappé attaquer la note.

EXERCICES POUR S'HABITUER A JOUER EN MARCHANT

Dans ces exercices on devra marquer le pas, c'est-à-dire placer les notes sur le pied indiqué, la lettre G indique le pied Gauche, la lettre D le pied Droit.

PRINCIPES DE MUSIQUE

MOUVEMENTS, NUANCES

Le *Mouvement* indique la vitesse ou la lenteur dans laquelle doit être exécuté un morceau de musique.

TERMES INDIQUANT LES MOUVEMENTS

Adagio........... très-lent.

Larghetto........ moins lent qu'Adagio.

Andante........... gracieux, sans lenteur.

Andantino........ moins lent qu'Andante.

Cantabile......... avec goût, un peu lent.

Allegro ou **All^o**...... gai, vif.

Allegretto ou **All^{tto}** pas très-vite.

Maestoso................. majestueusement.

Presto...................... vif, rapide.

Moderato................ modéré.

Les *Nuances* indiquent le degré de force que l'on doit donner au son.

TERMES INDIQUANT LES NUANCES

Rall. ou ***Rallentando*** ralentir le mouv^t

p .... jouer doux.

f .... jouer fort.

pp .... jouer très-doux.

ff .... jouer très-fort.

Dolce ou ***dol***......... doux.

Tempo 1°............... reprendre le 1er mouv^t

Ad libitum ou ***ad lib.*** à volonté.

Cresc. ou <...... en augmentant le son.

Decresc. ou > ....en diminuant le son.

Ritenuto ou ***rit***....... retenu.

Accelerando ou ***accel.*** en accélérant.

DE LA LIAISON ET DE LA SYNCOPE

Ces deux dénominations sont indiquées par un ***trait recourbé*** placé au-dessus ou au-dessous des notes. Pour lier les notes il ne faut pas interrompre le souffle tant que dure la liaison.

On entend par ***syncope*** une note qui se partage également entre la partie faible d'un temps et la partie forte du temps suivant. Dans ce cas le temps ***faible*** devient le temps ***fort***.

Notes liées

Notes syncopées

DU DÉTACHE

Le ***détaché*** s'indique par des ***points*** placés au-dessus et au-dessous des notes.

Les points ***ronds*** indiquent que le coup de langue doit être donné ***sans force*** **(A)**

Les points ***allongés*** indiquent que le coup de langue doit être donné ***sec*** **(B)**

A 

B 

DU TRIOLET

Le ***triolet*** est un groupe de trois notes indiqué par le chiffre 3. Ces trois notes ayant la même valeur que ***deux croches*** doivent être faites plus vite **(C)**

Six notes surmontées du chiffre 6 s'appellent ***sixtolets***. Ces six notes ont la valeur de ***quatre doubles croches*** **(D)**

C 

D 

DES NOTES D'AGREMENT OU PETITES NOTES

Les notes ***d'agrément*** se distinguent des autres notes en ce qu'elles sont d'un caractère plus petit. Ces notes n'ont pas une valeur déterminée. Il y a la petite note ***simple*** et la petite note ***brève***.

La note ***simple*** prend la moitié de la valeur de la note suivante. La note ***simple*** n'est pas ***barrée***.

La note ***brève*** est ***barrée***; elle doit être faite ***rapidement***.

Note simple

Note brève

PETITES ÉTUDES

A.L. 8412

PETITES ÉTUDES

EXERCICES D'ENSEMBLE

EXTRAITS DU

SOLFÈGE DE RODOLPHE

POUR

INSTRUMENTS en SI ♭ et en MI ♭

NOTA. — En disposant ces exercices *parallèlement*, j'ai voulu éviter la gêne qu'éprouvent *plusieurs élèves* à lire sur la même page, et leur en faciliter la lecture.

INSTRUMENTS EN SI BÉMOL

EXERCICE SUR LA RONDE, LA BLANCHE, LA PAUSE ET LA DEMIE-PAUSE

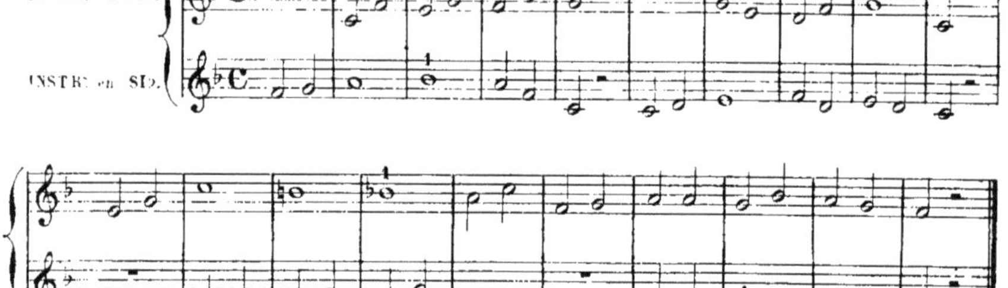

EXERCICE SUR LA NOIRE ET LE SOUPIR

EXERCICE SUR LES CROCHES

EXERCICE SUR LA RONDE, LA BLANCHE, LA PAUSE ET LA DEMIE-PAUSE

EXERCICE SUR LA NOIRE ET LE SOUPIR

EXERCICE SUR LES CROCHES

EXERCICE AVEC DEUX NOIRES ENTRE DEUX SOUPIRS

EXERCICE AVEC DEUX NOIRES ENTRE DEUX SOUPIRS
MI ♭
SI ♭
EXERCICE SUR LA CROCHE ET LE DEMI-SOUPIR
EXERCICE SUR LA BLANCHE ET LA NOIRE POINTÉE
FIN
EXERCICE SUR LA CROCHE POINTÉE ET LA DOUBLE CROCHE
FIN

Moderato
N° 1
All° non troppo
N° 2
Moderato
N° 3

Moderato
MI ♭
N° 1
SI ♭
All° non troppo
N° 2
Moderato
N° 3

All° moderato
N° 4
Allegretto
N° 5
FIN

All° moderato
N° 4
Allegretto
N° 5
FIN

Allegro
Nº 6
p

Allegro.
N° 6

Andante
Nº 7
Mouvt de marche
Nº 8
cresc

Andantino.
N° 7
Mouvt de Marche.
N° 8

Cantabile
Nº 9
p
p
rall.
pp

Cantabile.
Nº 9
p
p
rall.
pp

Andante
Nº 10
Allº non troppo
Nº 11
f

Andante.
Nº 10
All° non troppo.
Nº 11

All° moderato
N° 12

All° moderato
N° 12

All° fieramente
N° 12 bis
ff
tr

FIN DE LA 1re PARTIE

2e PARTIE

MORCEAUX MÉLODIQUES

Les notes en petits caractères devant la première note, servent à trouver la tonalité de cette note.

EN AVANT! MARCHE!

E. P.

GUILLERETTE.

LE PETIT TAMBOUR
Mouvt de Marche.
SÉMIRAMIS
Allegro.
LA PATROUILLE
A.L.8112.

NOS SOLDATS!

(QUADRILLE)

E. P.

LE FANTASSIN

LE CHASSEUR

LE DRAGON

L'ARTILLEUR

LE ZOUAVE

MARCHES AVEC CLAIRONS ET TAMBOURS

Si ces sonneries étaient trop élevées, on pourrait les jouer en abaissant soit le 1er piston seul, le 1er et le 2me, ou le 1er et le 3me.

AIRS DE CHASSE

RENDEZ-VOUS DE CHASSE

GOD SAVE THE QUEEN. (♭)
Andante.
HYMNE AUTRICHIEN (♭)
Andante.
MARCHE ESPAGNOLE (♭)
AIR IRLANDAIS
Lent.
MÉLODIE SUISSE
Moderato.
RULE BRITANNIQUE (♭)
Allegro.

LA SONNAMBULA (♭)
Cantabile.
mf
p
rit
a tempo.
LES PURITAINS (♭)
Moderato.
mf
mf
f
CHANT BADOIS (♭)
Moderato.

PAUVRE JACQUES (♭)

ROMANCE

ADAGIO DE BEETHOVEN
Allegro
SOUVENIR DE MOZART
Moderato
LA SÉRÉNADE (Schubert)
rall.
Allegro
RONDO

PETITS DUOS.

POUR INSTRUMENTS DE MÊME TONALITÉ.

PREMIER ESSAI.

VIVENT LES VACANCES.

ROMANCE DE JOSEPH.

LE VOLONTAIRE.

LE CARNAVAL DE VENISE.

A.L. 8412.

Moderato. **EURYANTHE.**

A CHEVAL! EN CHASSE!

DOUZE QUATUORS

POUR

Piston, Bugle, Alto et Basse

CHORAL
Andante.
PISTON en Sib.
BUGLE en Sib.
p
p
cresc:
f
f
Allegretto.
LE ROSIER.
PISTON.
BUGLE.
p
p
f
f

QUATUORS
pour
PISTON, BUGLE, ALTO, BASSE (ou BARYTON-TROMBONE)

LES LILAS.

MARCHE.

E. POME.

LES LILAS

MARCHE.

E. POME.

LE DÉPART.

All° energico.
PISTON.
BUGLE.
f
f
Fin.
CHANTONS VICTOIRE
Mæstoso.
PISTON
BUGLE.
1re fois mf
2e fois fort.
Fin.
cresc
D.C.

LE DEPART.

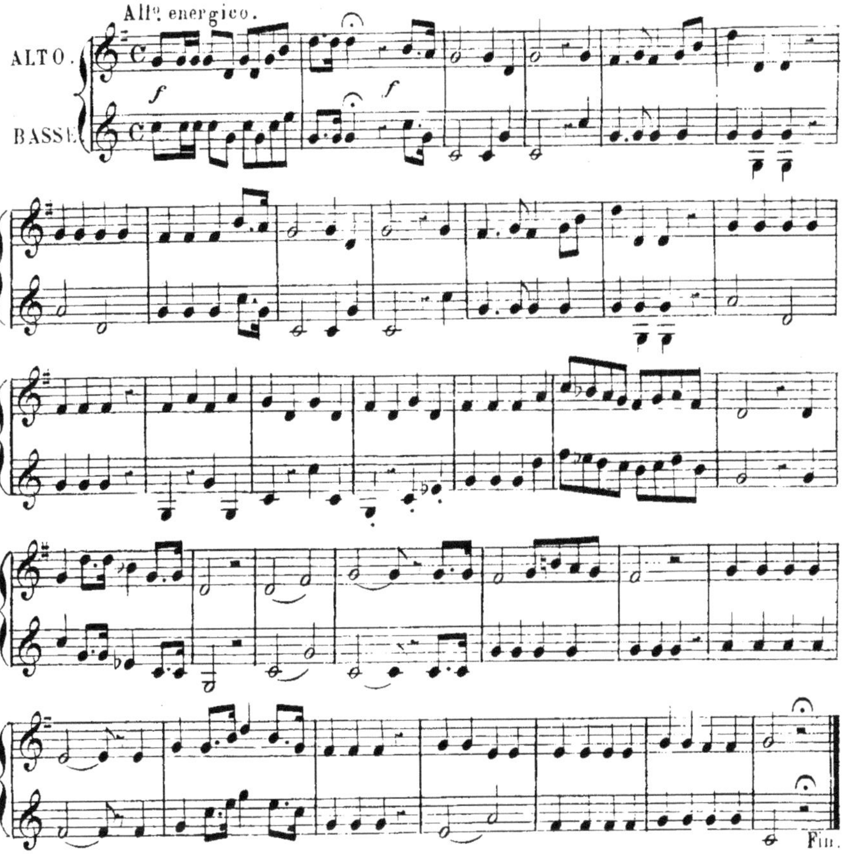
Allº energico.
ALTO.
BASSE.
f
f
Fin.

CHANTONS VICTOIRE

Maestoso.
ALTO.
BASSE.
Fin.
DC

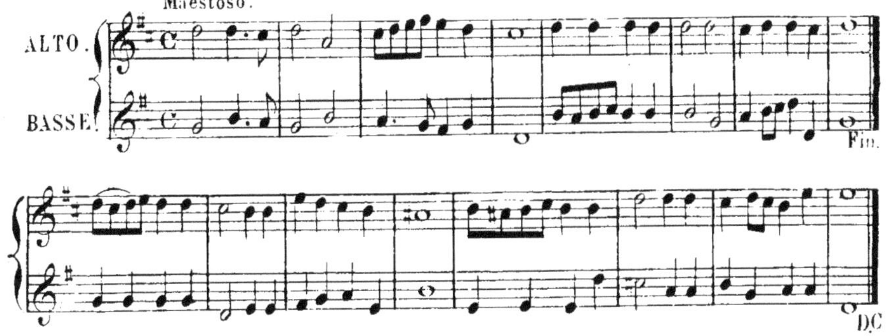

QUATUORS

POLKA. E. POMÉ.

GUILLERETTE.

GUILLERETTE

EN AVANT ! MARCHE !

EN AVANT ! MARCHE !

Allegro.

ALTO.

BASSE.

p

Fin

pp *pp*

D.C.

ADAGIO DE HAYDN.

Adagio

ALTO.

BASSE

LE TAPIN.

LE TAPIN.

Moderato.

ALTO

BASSE

f

f

LE TYROL

Moderato
Piston.
Bugle.
p
mzf
rall.
1º Tempo
f
SOUVENIR D'HAYDN
Andantino

LE TYROL
Moderato
Alto.
Basse.
p
rall.
1° Tempo
f
SOUVENIR D'HAYDN
Andantino

CLÉMENCE ISAURE

Musique de
L. DEFFES.

Arr: en Pas Redoublé
par E. POMÉ.

CLÉMENCE ISAURE

Musique de
L. DEFFÈS.

Arr: en Pas Redoublé
par E. POMÉ.

VOILA LES BRAVES!

PAS REDOUBLÉ

avec

CLAIRONS et **TAMBOURS**. (ad libitum)

E. POMÉ.

A défaut de Clairons, les Pistons et les Bugles joueront cette partie.

CLAIRONS

TAMBOURS

PISTON

f

BUGLE

ALTO MI♭

f

BASSE SI♭

D.C.

p

p

D.C.

f
p
cresc.
f
p
cresc.
CLAIRONS
TAMBOURS
f

f
p
f
p

A. L. 8112 Paris, Imp. A. Chaimbaud et Cie

www.ingramcontent.com/pod-product-compliance
Ingram Content Group UK Ltd.
Pitfield, Milton Keynes, MK11 3LW, UK
UKHW020341180726
13839UKWH00002B/845